图书在版编目（CIP）数据

成渝铁路通车了 / 周伟文；露露公园图. -- 北京 :天天出版社, 2022.1
（中国博物馆大发现）

ISBN 978-7-5016-1753-1

Ⅰ. ①成… Ⅱ. ①周… ②露… Ⅲ. ①科学知识－少儿读物②高速铁路－少儿读物
Ⅳ. ①Z228.1②U238-49

中国版本图书馆CIP数据核字(2021)第220307号

| 责任编辑：范景艳　丁　妮 | 美术编辑：丁　妮 |
| 责任印制：康远超　张　璞 | |

出版发行：天天出版社有限责任公司
地址：北京市东城区东中街42号　　　　邮编：100027
市场部：010-64169902　　　　传真：010-64169902
网址：http://www.tiantianpublishing.com
邮箱：tiantiancbs@163.com

印刷：北京新华印刷有限公司　　经销：全国新华书店等
开本：889×1194　1/16　　　　印张：2
版次：2022 年 1 月北京第 1 版　印次：2022 年 1 月第 1 次印刷
字数：20 千字

书号：978-7-5016-1753-1　　　　定价：42.00 元

中国博物馆大发现

中国铁道博物馆

成渝铁路
通车了

周　伟／文

露露公园／图

人民文学出版社　天天出版社

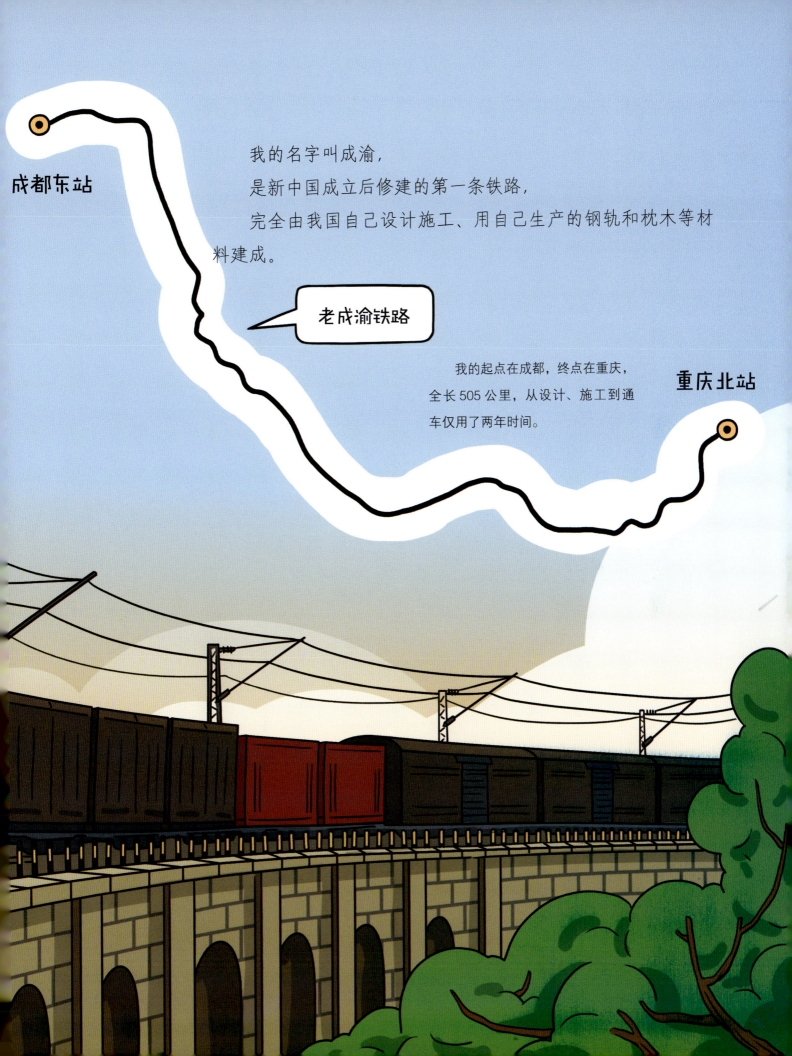

成都东站

我的名字叫成渝，
是新中国成立后修建的第一条铁路，
完全由我国自己设计施工、用自己生产的钢轨和枕木等材
料建成。

老成渝铁路

我的起点在成都，终点在重庆，
全长 505 公里，从设计、施工到通
车仅用了两年时间。

重庆北站

1914 年，詹天佑担任川汉铁路、粤汉铁路的总工程师，主持修建这条连接广东、湖南、湖北和四川的重要铁路。而我就是这条铁路的西段。

开县　　云阳　　奉节　巫山　巴东　　　秭归

宜昌

詹天佑先生是中国近代科技事业的先驱和中国民族铁路事业的开拓者，主持建设了中国人自己勘测、设计、修建、运营管理的第一条铁路——京张铁路，被称为"中国铁路之父"。

　　1950 年 4 月，第一批工程人员奔赴沿线各地，按铁道部的标准重新为我勘测路线。

1950 年 6 月 15 日，我终于正式开工啦！
解放军高举"开路先锋"的旗帜，拉开了修筑的序幕。

当时的施工条件特别艰苦，十万民工参与了修建。全线的物资都是靠人们肩挑手推地运输，路基也是靠扁担和箩筐、钢钎、铁锤和十字镐这些简陋的工具填平夯实。

箩筐挑土

修建用的工具

马灯

手推车运渣石

我的全线有 43 座隧道，其中 28 座的边墙都是石砌的，23 座的拱顶都是石拱，全是靠人们手工就地取石，一点点开凿、搬运砌成的。

全线所需的枕木也是由四川各地的农民自发上交的，很多年轻人献出了做新床的木料，有些老人献出了准备做棺材的方形木材，还有人献出了珍藏多年的樟木、楠木等，共有129万根。

全线的钢轨是用鞍山钢铁厂调拨的 5.6 万吨钢锭在重庆大渡口 101 钢铁厂（今重钢集团）轧制而成，道岔及轨道的配件也在重庆承制，还有螺栓、螺丝钉、水泥等材料全部是"中国造"。

8000 马力双缸卧式蒸汽机

入选第一批中国工业遗产保护名录。
1952 年 4 月 10 日，这台蒸汽机成功轧出了新中国第一根 38 千克/米的钢轨。

原重庆 101 钢铁厂（今重钢集团）厂址

由于我这条路线没有与四川省外的铁路连接，解放军只能派"沅江号"登陆艇将调拨来的全部机车车辆运至重庆九龙坡码头，再组装运行。

全线最长的钢梁桥是位于内江市椑木镇的沱江大桥，长 370.83 米，高 27 米，也是西南地区第一座钢梁桥。

1951 年 11 月 30 日，沱江大桥建成，火车头顺利地把物料运到了各个工地。

工人正在修建中

全线最长的连拱桥是位于资阳市忠义镇的王二溪大桥，长 315.95 米，采用了我国传统的石拱桥建造技术，于1952年通车。

直到今天，王二溪大桥仍是我国最长的铁路石拱桥。

1952 年 10 月 1 日，王二溪大桥被印在我国邮政发行的《伟大的祖国（第二组）》的一枚邮票上，成为首个资阳市被印在邮票上的元素。

王二溪大桥是 22 孔连拱桥，首末两孔和中间第八至十四孔是石拱，其余均是钢筋混凝土拱。

1952 年 7 月 1 日，人们为我举行了通车典礼。

1953 年 7 月 30 日，我正式通车运营，结束了四川没有铁路的历史。

1953 年 12 月，人们在内江市梅家山建成了成渝铁路筑路民工纪念堂，1954 年又在纪念堂前 40 米处修建了纪念碑，这是目前我国唯一一座纪念民工的建筑。

在我这条路线的修建过程中和通车以后，西南铁路工程委员会制作并颁发了多种纪念章和奖章。

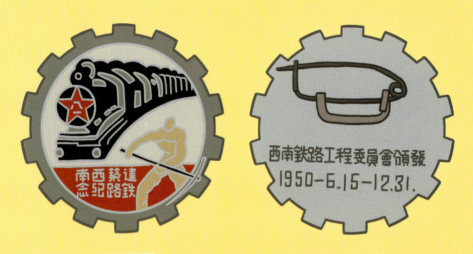

建筑西南铁路纪念章

这是最早颁发的纪念章，铜质涂漆，齿轮状的外沿，画面左上方刻绘着隆隆奔驰的火车图形，右下方镌有一位大力士手持铁镐奋力挖土的形象，生动地表现了筑路军民奋战工地的场景，左下角则刻有"建筑西南铁路纪念"的字样，背面还铸有"西南铁路工程委员会颁发"和日期。

建筑西南铁路纪念章

1951年颁发，其造型、图案与前一枚相同，背面注明颁发日期为"1951"年，是成渝铁路铺轨至内江的纪念章，标志着成渝铁路修建取得了重要的阶段性成果。

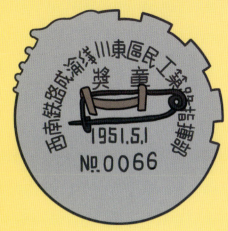

筑路先锋奖章

1951 年 5 月 1 日，由西南铁路成渝线川东区民工筑路指挥部
颁发。

成渝铁路通车纪念章

1952 年 7 月 1 日，由西南铁路工程局颁发。此章为铜质镀金
珐琅，上方镌有党徽，底部绘有铁路路徽和象征喜庆的飘带，
两边麦穗环绕，中间铸有主题文字："成渝铁路通车纪念"和
通车日期"1952.7.1"。

运输成渝铁路钢胚集体模范纪念章

此章也是铜质镀金珐琅，圈上方红星高照，刻绘出轮船在长江中
破浪前进的画面，外圈镌刻"运输成渝铁路钢胚（应为"坯"）
集体模范纪念章"铭文，底部注明"1952"年颁发。

1979 年，我又进行了一次电气化改造。

1987 年 12 月 24 日，电气化工程全线建成，年运输能力翻了一倍多，相当于把我重新修建了一次。

电气化改造就是在线路上架设接触网，修建变电所等供电设备，为电力机车用电提供必要的服务。

转眼来到 2012 年，我上了年纪，需要大修。全线更换了混凝土枕木和无缝钢轨，告别了车轮撞击钢轨接头的"哐当哐当"声，列车运行更加安全平稳。

我还新建了客运专线，由成都东站到重庆站，全长 308.2 公里，2015 年 12 月 26 日正式开通。

成都东站

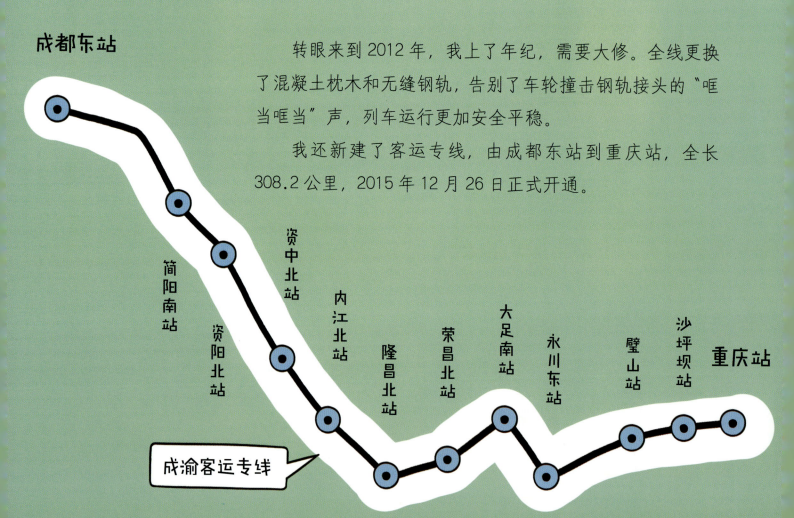

简阳南站
资阳北站
资中北站
内江北站
隆昌北站
荣昌北站
大足南站
永川东站
璧山站
沙坪坝站
重庆站

成渝客运专线

2018 年 9 月 21 日，动车组第一次驶上我这条铁路，而且是国内首列 16 辆编组动力集中式动车组（由车头提供动力）哟。

时间过得真快，现在我已经 70 多岁了。未来希望我可以被改造得更好更强，继续为大家服务！

重庆站至江津这一段的路线正在改造，将被改造成城市铁路。

江津
JIANG JIN